Jo-Jo

Lesestrategien 4
Arbeitsheft
Grundschule Bayern

Es hilft dir, wenn du Überschriften und Bilder nutzt

- Lies die Überschrift und betrachte die Bilder.

1 Schau dir das Buchcover an.
Worum könnte es in dem Buch gehen?
Schreibe deine Vermutungen auf.

_____

_____

_____

_____

_____

_____

_____

_____

2 Schau dir das Buchcover an und
lies den Klappentext.
Ist das Buch ein Sachbuch oder
eine Erzählung? Kreuze an.

☐ Sachbuch   ☐ Erzählung

> Solange sie denken konnten, lebten die beiden Chamäleons zusammen auf Baum 532 im Regenwald von Kakamega. Der Baum war ihre ganze Welt. Forscher hatten eine kleine, rote Plakette auf den Stamm des Urwaldriesen genagelt. Und seitdem hieß der Baum 532.

BAUM 532
SIMAK BUCHEL
FIDES FRIEDEBERG

Texte besser verstehen

Es hilft dir, wenn du dir einen Überblick verschaffst

> • Verschaffe dir einen Überblick: Lies die Sätze vom Anfang, aus der Mitte und vom Ende des Textes.

3 Lies und begründe dann, warum du dich für eine Textsorte entschieden hast.

Obwohl die beiden Chamäleons so unterschiedlich waren wie nur irgend möglich, blieben sie die besten Freunde.

Katiti legte ihren Kopf schräg und lauschte in das Blätterdickicht des Dschungels unter ihr. Kein Zweifel, da näherte sich etwas Großes der Krone.

Noch einmal gingen ihr all die sonderbaren Dinge durch den Kopf, die sie erlebt hatte. Dann schmiegte sie sich an die duftende Rinde von Baum 532 und nahm einen Herzschlag lang seine Farbe an.

Dieser Text ist _____, weil

_____

_____

_____

_____ .

> Chamäleons sind Meister im Verwandeln.
> Was weißt du schon darüber?
> Was findest du noch heraus?

Texte besser verstehen 3

Es hilft dir, wenn du Leseerwartungen formulierst

- Vermute, worum es in dem Text geht.
- Was weißt du schon über das Thema? Was möchtest du wissen? Was erwartest du?

1 Welche Vermutungen und Erwartungen passen zu welchem Buch? Verbinde die Sprechblasen mit dem richtigen Cover.

- Ich habe Lust, mal wieder eine richtig spannende Geschichte zu lesen.
- Ich will auf jeden Fall mitraten können.
- Darin erfahre ich bestimmt alles über die Sioux.
- Ich möchte gerne wissen, warum Eulen so leise fliegen können.
- Geschichten, bei denen ich mich grusele, mag ich nicht so gerne.
- Bestimmt geht es um Tiere, die nachts unterwegs sind.

Was liest du gerne? Weißt du, wo du in der Bücherei danach suchen musst?

Texte besser verstehen

2 Lies die Überschrift. Schau dir das Bild an und lies den Textauszug. Worum geht es in dem Text? Schreibe deine Vermutungen und deine Erwartungen auf.

Sonnen und Sterne

Unter den vielen Sternen am Himmel
können wir einen einzigen auch am Tag sehen:
Das ist der Stern, den wir „Sonne" nennen.

Es geht um _____.

Das weiß ich schon	Das möchte ich wissen

3 Welche Erwartungen kannst du an welche Textsorte stellen? Verbinde alle Möglichkeiten.

Welche Textsorten mögt ihr am liebsten? Erstellt eine Hitliste für eure Klasse.

Textsorte	Ich erwarte …
Krimi ○	○ eine spannende Geschichte.
Fantasy-Erzählung ○	○ etwas zum Lachen.
Märchen ○	○ dass ich erfahre, wie etwas funktioniert.
Spielanleitung ○	○ neue Informationen.
Gedicht ○	○ dass ich erfahre, was passiert ist.
Sachtext ○	○ einen Text, den ich aufsagen kann.
Bericht ○	○ dass am Ende alles gut ausgeht.
Witze ○	○ dass ich lange darin lesen kann.
Kinderroman ○	○ neue, fremde Welten.

Texte besser verstehen

Es hilft dir, wenn du unbekannte Wörter klärst

- Suche im Text nach einer Erklärung.
- Schlage in einem Lexikon nach.
- Schau dir das Bild an.
- Frage andere Kinder oder Erwachsene.

Das Navi

Wollten die Menschen früher von einem Ort zu einem anderen Ort fahren, benutzten sie eine Landkarte oder einen Stadtplan.
Heute vertrauen sie oft ihrem Navi. Navi ist die Abkürzung für Navigationsgerät. Navigation bedeutet übersetzt Steuerung
5 eines Schiffes oder Fahrzeuges auf einem bestimmten Weg.

Das kleine Gerät hat Landkarten gespeichert und kann uns führen. Dazu steht es mit Satelliten in Kontakt, die in großer Höhe die Erde umkreisen und Signale senden. Das Navi misst, wie lange ein gesendetes Signal zur Erde braucht. Steht das Gerät mit
10 mehreren Satelliten in Verbindung, kann es durch diese Kontakte seine Position eindeutig bestimmen. Das Ziel muss nur in das Gerät eingegeben werden. Wenn die Position, also der genaue Standort, bestimmt ist, kann das Gerät die Route berechnen. Zwischendurch wird die Position immer neu geortet. So merkt das Gerät sehr schnell,
15 wenn der Fahrer falsch gefahren ist. Es ist also ein kleines Wunderwerk der Technik, mit großem Aufwand im Hintergrund, das uns im Alltag gute Dienste leisten kann.

1 Wofür steht die Abkürzung „Navi"?

_____

2 Was bedeutet das Wort? Suche die Erklärung im Text und schreibe sie auf.

_____

_____

_____

> Wenn du mehr darüber wissen willst, kannst du auf Kinderseiten im Internet suchen. Berichtet euch gegenseitig von euren Suchergebnissen.

Texte besser verstehen

3 Markiere diese schwierigen Wörter im Text:
Satellit, Kontakt, Signal, Position, Route, orten.

4 Kreuze an, wie du die Wörter klären kannst.

5 Schreibe die Erklärung auf.

Huch! Ist euch so etwas auch schon einmal passiert? Erzählt davon.

SIE HABEN IHR ZIEL ERREICHT!

im Text	im Lexikon	jemanden fragen	
☐	☐	☐	Satellit: _____
☐	☐	☐	Kontakt: _____
☐	☐	☐	Signal: _____
☐	☐	☐	Position: _____
☐	☐	☐	Route: _____
☐	☐	☐	orten: _____

Texte besser verstehen

Es hilft dir, wenn du einen Text in Absätze einteilst

- Teile den Text in Absätze ein.
  Überlege dir für jeden Absatz eine Überschrift.
- Finde die wichtigen Wörter in jedem Absatz.

1 Entscheide: Welche der markierten Wörter sind wichtig?
Schreibe nur die wichtigen Wörter unter die Überschriften.

2 Unterteile den Text in Absätze. Ordne den Absätzen
die Überschriften zu und schreibe sie in die Spalte daneben.

Till wird reich   Till bäckt kein Brot   Till wird entlassen
Till wird Bäckergeselle

Till Eulenspiegel

Einmal kam Till an einer Backstube vorbei, aus der es köstlich duftete. Das gefiel dem hungrigen Wanderer sehr, und ohne auch nur ein bisschen
5 von dem Handwerk zu verstehen, bot sich Till dem Bäcker als Geselle an. Der freute sich über einen tüchtigen Bäckerknecht und stellte Till sogleich an, am Abend das
10 Backen zu übernehmen.
„Ja, was soll ich denn backen?", fragte Till.
Der Bäcker war ein ungeduldiger Mann und rief voller Spott:
15 „Du bist ein Bäckergeselle und weißt nicht, was du backen sollst? Was bäckt man wohl? Eulen und Meerkatzen!"
Damit ging der Bäcker schlafen.

Weißt du, was Meerkatzen sind? Berichte davon.

Texte besser verstehen

20 „Das soll sein", dachte sich Till, und wie der Bäcker am Morgen kam, fand der keine Semmeln und keinen einzigen Brotlaib vor, sondern nur frisch gebackene
25 Eulen und Meerkatzen.
„Was für unnützes Zeug hast du gebacken?", schrie er voller Zorn.
„Ei, Eulen und Meerkatzen, wie ich's sollte", antwortete Till.
30 Der Bäcker packte Till am Kragen: „Den Teig bezahlst du mir, und dann nimm dein Narrenzeug und verschwinde!"
Was blieb ihm übrig? Till bezahlte
35 den Teig, packte seine Eulen und Meerkatzen in einen Korb und ging zum Marktplatz. Die Leute staunten und freuten sich an dem lustigen Gebäck, und weil sie für
40 den Nikolaustag kleine Geschenke suchten, hatte Till bald alles verkauft. Als der Bäcker davon hörte, lief er sogleich zum Marktplatz. Der Eulenspiegel sollte ihm noch
45 ordentlich Geld fürs Holz und fürs Backen zahlen. Aber da war Till Eulenspiegel längst auf und davon. So verdiente Till viel mehr Geld, als er dem Bäcker bezahlen musste.

Eulenspiegel-Geschichten findet ihr in der Bücherei. Sucht danach.

Texte besser verstehen

Es hilft dir, wenn du einen Text in Absätze einteilst

1 Unterteile den Text in Absätze.
Schreibe in die rechte Spalte neben jeden Absatz eine Überschrift.

2 Finde und markiere die wichtigen Wörter in jedem Absatz.
Schreibe sie unter die Überschriften in die rechte Spalte.

Im Dunkeln bin ich der Experte

Für Michael Pruy ist es immer dunkel. Obwohl er blind ist, ist er auch allein unterwegs. Er überquert Straßen oder fährt U-Bahn – und das alles
5 *völlig sicher.*
Wie er das schafft, erzählt er hier:
„Eigentlich nehmen Menschen ihre Umgebung zum größten Teil über die Augen wahr, über das Sehen.
10 Wenn sie das nicht mehr können, gleichen sie es weitgehend über ihre anderen Sinne aus, über das Riechen, Schmecken, Tasten und Hören. Der Geruch von Pizza deutet zum
15 Beispiel auf eine Pizzeria hin. Oder man fühlt mit dem Langstock (auch Blindenstock genannt), wenn sich der Untergrund ändert: von Stein auf Gras oder Holz.
20 Welcher Sinn für einen blinden Menschen besonders wichtig wird, ist verschieden. Jeder hat eine andere Stärke. Ich bin zum Beispiel ein Hörspezialist. Ich nutze dabei
25 die gleiche Technik, die auch Fledermäuse verwenden.

Wenn ich laufe, mache ich Geräusche mit meinem Stock und höre an dem Echo, um was für einen Raum es sich
30 handelt.
Ich kann hören, ob ein Zimmer eher klein oder groß ist. Ob eine Mauer zu Ende geht, an der ich entlanggehe, und ob ich auf eine Wand zulaufe.
35 Ich taste mich mit dem Taststock vor, damit ich nicht dagegen pralle.
So gut hören kann nicht jeder. Aber ein bisschen kann man das trainieren, wie ein Sportler.
40 Ich arbeite in der Ausstellung, in der Besucher durch aufgebaute Landschaften spazieren, wie eine Stadt oder einen Wald – und zwar völlig im Dunkeln. Blinde Menschen wie ich
45 führen sie durch die Räume, und so entsteht ein Rollentausch.
Im Dunkeln bin ich der Experte. Die blinden Menschen helfen denen, die sehen können, statt umgekehrt."

> Wie orientieren sich Fledermäuse? Sucht auf Kinderseiten im Internet Informationen dazu.

Vergleiche deine wichtigen Wörter mit den wichtigen Wörtern von deinem Partnerkind. Sind es dieselben? Besprecht in einer kleinen Gruppe, welche Wörter wichtig sind.

Texte besser verstehen

Es hilft dir, wenn du W-Fragen zu Texten stellst

• Stelle W-Fragen an den Text.

Paul fährt vor

Vor dem Schulgebäude tummelten sich eine Menge Kinder.
Paul fuhr Schritttempo, damit ihn auch jeder sehen konnte.
Schon von Weitem entdeckte er seinen Freund Luis.
Paul hupte. Alle Köpfe drehten sich zu ihm hin.
5 Die Augen der Jungen wurden groß und dunkel,
als sie den roten Sportflitzer sahen.
Paul genoss die allseitige Bewunderung in vollen Zügen.
Luis sperrte den Mund auf.
„Paul! Du?", rief er, als er sich vom ersten Schock erholt hatte.
10 Paul stoppte den Wagen vor dem Schulhaus und
winkte ihm herablassend zu. Luis rannte zu ihm hin,
verfolgt von einer Traube aufgeregter Schüler, zu der
auch Robert gehörte.
„Irre Kiste!" Luis pfiff anerkennend durch die Zähne.
15 Mit beiden Ellenbogen drängelte sich Robert nach vorn.
Er beugte sich zu Paul hinunter, der stolz wie ein Schneekönig
hinter dem Steuerrad saß.
Verschwörerisch zwinkerte Robert Herrn Plümo zu,
der mit den Fingern seinen Schnurrbart in Form brachte.
20 „Habt ihr den Schlitten geknackt?"
Sollte Robert denken, was er wollte.
Hauptsache, er war beeindruckt.
Und das war er!

Brigitte Endres

> Womit würdest du gerne einmal in die Schule kommen? Was würden die anderen dazu sagen?

Texte besser verstehen

1 Prüfe, welche W-Fragen dir helfen, den Text besser zu verstehen. Kreuze sie an.

Womit kam Paul in die Schule? ☐   Wodurch pfiff Luis? ☐

Was brachte Herr Plümo in Form? ☐   Wie fühlte sich Paul? ☐

2 Was ist Paul so wichtig? Schreibe auf.

_____

_____

3 Wie kann es weitergehen? Schreibe W-Fragen zum Fortgang der Geschichte auf.

_____

_____

_____

4 Denke dir eine Fortsetzung der Geschichte aus und schreibe sie auf.

_____

_____

_____

_____

_____

Texte besser verstehen

Es hilft dir, wenn du ein Schaubild zum Text gestaltest

- Gestalte ein Schaubild zum Text.
- Erkläre jemandem, worum es in dem Text geht. Nutze dein Schaubild.

Der Goldhamster

In ihrem Aussehen unterscheiden sich die Goldhamster vom einheimischen Feldhamster. Der als Haustier beliebte Goldhamster ist nur ca. 15 bis 19 cm lang. Goldhamster wiegen zwischen 80 und 160 g. Ihr Fell ist
5 auf dem Rücken rotbraun bis goldbraun, auf der Unterseite sind sie fast weiß.

Für die richtige Haltung eines Goldhamsters brauchst du einen großen Käfig. In der freien Natur laufen Hamster sehr viel, deshalb ist auch ein Laufrad sehr wichtig.
10 Pappröhren von unterschiedlicher Größe sorgen für Abwechslung im Käfig. Das Schlafhäuschen polstern sich die Hamster mit Heu und mit Papiertaschentüchern aus.

Gib deinem Goldhamster abwechslungsreiches Futter, neben Getreidekörnern auch frisches Obst und Gemüse
15 wie Äpfel, Gurken und Möhren. Besonders gerne fressen Hamster frische Petersilie und Löwenzahn. Lebenswichtig für einen gesunden Goldhamster ist auch tierisches Futter, zum Beispiel Mehlwürmer. Für die Nagezähne braucht dein Hamster trockenes Brot oder Äste.

20 Goldhamster sind hauptsächlich nachtaktiv. Sei also nicht enttäuscht, wenn sich dein Tier am Tag nicht blicken lässt.

Was findest du über dein Lieblingstier heraus? Fertige ein Schaubild an und halte einen Vortrag darüber.

Texte besser verstehen

Ein Schaubild kann eine Mindmap sein.

1 Trage die markierten Oberbegriffe ein und ergänze die Mindmap.

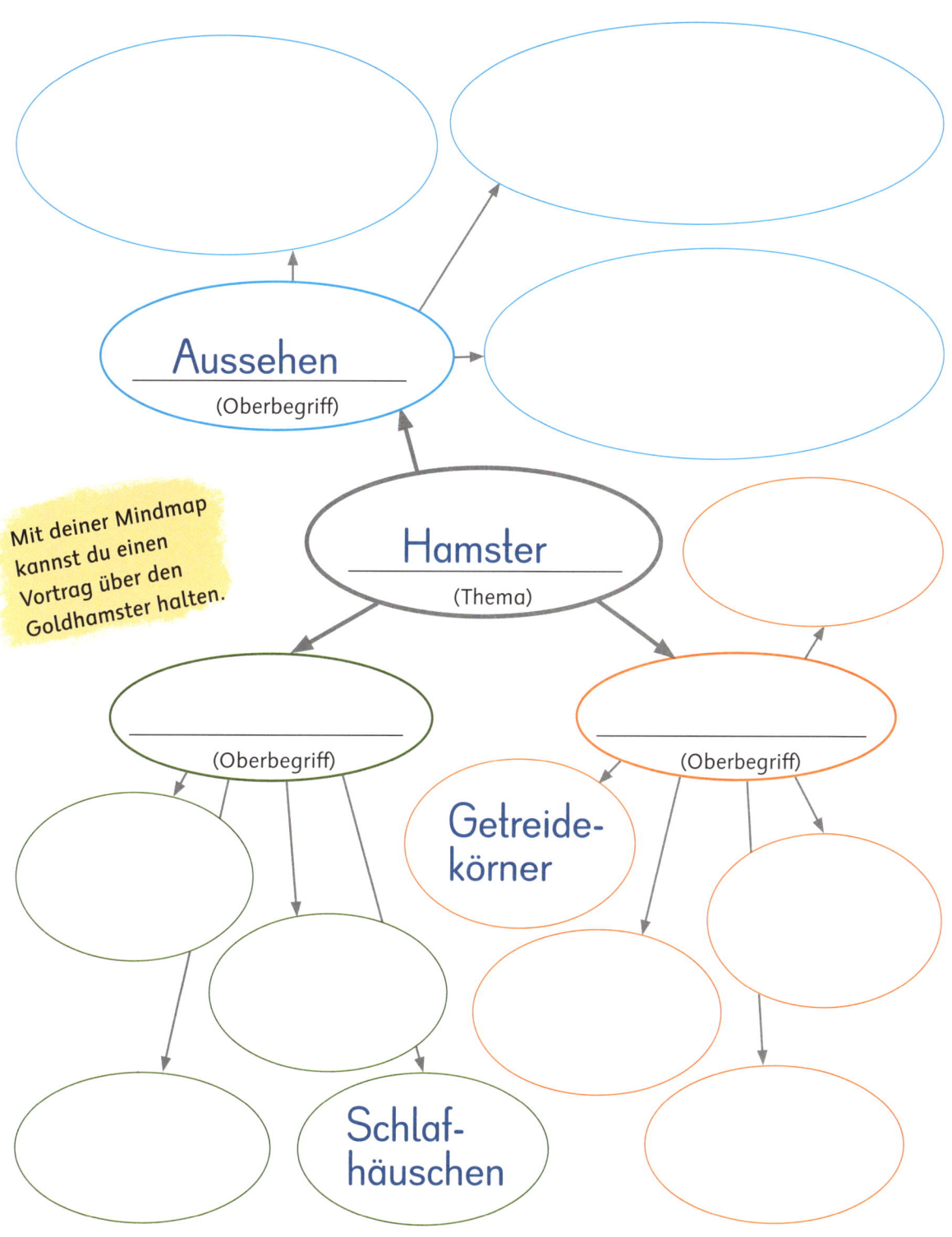

Mit deiner Mindmap kannst du einen Vortrag über den Goldhamster halten.

Texte besser verstehen

Es hilft dir, wenn du ein Schaubild zum Text gestaltest

1 Lege eine Mindmap zum Text an.

2 Informiere mithilfe deiner Mindmap ein anderes Kind über den ALB.

Der gefährliche ALB

Bayern ist auf der Hut vor dem Asiatischen Laubholzbockkäfer („ALB"). Die ursprüngliche Heimat dieses Schädlings, der sich nun auch in Europa verbreitet hat, ist China, Korea und Japan.
5 Der Käfer ist schwarz mit weißen Punkten, und er hat sehr lange Fühler. Sein länglicher Körper misst ungefähr 30 Millimeter. Der ALB befällt nur Laubbäume, zum Beispiel Ahorn, Birke und Rosskastanie. Die Weibchen bohren Löcher in die Rinde und legen
10 darin ihre Eier ab. Nachdem die Larven geschlüpft sind, fressen sie 1 bis 3 Zentimeter dicke Gänge in das Holz. Der Baum stirbt schließlich ab.

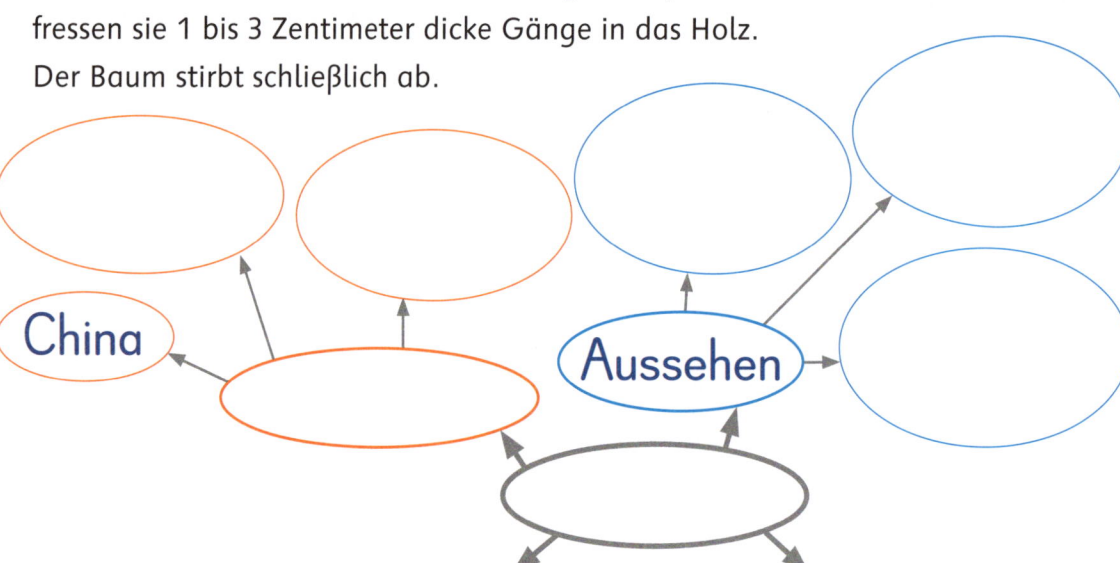

Ein Schaubild kann eine Zeitsäule sein.

1 Lies den Text. Unterstreiche die Daten und die wichtigen Ereignisse. Ergänze die Zeitsäule.

Das ist Ela

Ich bin Ela und gehe in die 4. Klasse. 2010 kamen wir nach Deutschland. An die Türkei kann ich mich fast gar nicht mehr erinnern. Meine Schwester Aylin
5 wurde 2011 geboren, da war ich schon vier Jahre alt. Mit sechs Jahren kam ich in die Schule, das war 2013. In meiner Hasen-Klasse habe ich gleich viele Freunde gefunden. Leider sind wir ein Jahr danach
10 in eine andere Stadt gezogen. Als ich 8 Jahre alt geworden bin, bekam ich Mia, mein Kätzchen.

Weißt du auch, wann ich geboren wurde?

Elas Zeitsäule

2016 Klasse 4

_____ _____

_____ _____

_____ _____

_____ _____

_____ _____

_____ _____

Geburt

Zeichne und beschrifte eine Zeitsäule mit deinen Lebensstationen.

Texte besser verstehen

Es hilft dir, wenn du ein Schaubild zum Text gestaltest

Der große Sioux-Häuptling Sitting Bull

Ein zehnjähriger Junge aus dem Stamm der Sioux bezwingt 1841 seinen ersten Bison. Der Legende nach bringt er ihn zum Sitzen und wird fortan „Sitzender Büffel", Sitting Bull, gerufen.

Wer weiß schon etwas über Sitting-Bull? Sammelt vor dem Lesen euer Wissen.

5 Als in Amerika um 1850 Gold gefunden wird, beginnen die Weißen mit dem Bau einer Eisenbahnlinie durch das Indianerland. Die Indianer wehren sich und zwölf Jahre später ziehen sie in den Krieg gegen die Bleichgesichter. Jedoch können sie den Bau
10 des bedrohlichen „eisernen Pferds" nicht stoppen: Im Jahr 1869 fährt zum ersten Mal ein Zug von der Ostküste bis zur Westküste. Zudem töten die Weißen riesige Herden von Bisons, von denen die Indianer leben.

In der berühmten Schlacht am Little Bighorn River
15 erringen die Indianer sieben Jahre später ihren größten Sieg gegen die Soldaten. Doch Sitting Bull kämpft auch mit Worten: In vielen Reden und Auftritten versucht er, auf die verzweifelte Lage der Indianer aufmerksam zu machen und den Schutz ihres Lebensraums durchzusetzen.

20 Am 15. Dezember 1890 wird Sitting Bull bei seiner Verhaftung erschossen. Der berühmte Häuptling Sitting Bull ist für viele Menschen noch immer ein Vorbild.

1 Suche die Jahreszahlen aus der Zeitsäule im Text und schreibe die Ereignisse an die passenden Stellen.

2 Suche alle Informationen zu Sitting Bull aus dem Text und vervollständige die Zeitsäule.
Achtung: Manche Zeitangaben musst du errechnen.

1890 _____

1869 _____

1850 _____

1841 _____

Wisst ihr jetzt noch mehr über Häuptling Sitting-Bull?

Besprecht in der Gruppe: Sind Texte leichter zu verstehen, wenn ihr ein Schaubild dazu gestaltet? Welche Erfahrungen habt ihr gemacht?

Texte besser verstehen

Es hilft dir, wenn du alle Lesetipps ausprobierst

Eine Erfindung – viele Väter

Am 26. Oktober 2011 war es genau 150 Jahre her, dass der hessische Lehrer Johann Philipp Reis sein elektrisches Wunderwerk vorstellte: das erste Telefon.
5 Zwar hatte schon 1854 der französische Erfinder Bourseul an der elektrischen Übertragung der menschlichen Stimme gearbeitet, doch seine „verrückte Idee" nahm niemand ernst. Der Apparat
10 von Philipp Reis wandelte gesprochene Worte in elektrische Signale um. Diese elektrischen Signale liefen durch einen Draht und wurden am anderen Ende der Leitung wieder zu Worten. Allerdings
15 hatte Reis' Telefon einen entscheidenden Nachteil. Es konnte immer nur eine Person sprechen und die war am anderen Ende nur schwer zu verstehen. Wirklich erfolgreich wurde das Telefon erst mit
20 Alexander Graham Bell. Möglicherweise hatte Bell heimlich die Unterlagen des Italieners Antonio Meucci verwendet, der schon 1860 einen funktionierenden Apparat gebaut hatte. Bells Weiter-
25 entwicklung der Erfindung ermöglichte eine wirkliche Kommunikation. Sender und Empfänger konnten nun miteinander sprechen. Im Jahr 1876 erhielt Bell das Patent auf das Telefon und war damit
30 als Erfinder des Telefons eingetragen.

1 Versuche, alle Lesetipps anzuwenden.
Benutze für deine Notizen dein Lerntagebuch.

2 Markiere die Tipps, die dir am meisten geholfen haben.
〰️ hat mir sehr geholfen   〰️ hat mir geholfen

Vor dem Lesen
- [ ] Lies zuerst die Überschrift.
- [ ] Schau dir die Bilder an.
- [ ] Vermute, worum es in dem Text geht.
- [ ] Was weißt du schon über das Thema? Was möchtest du wissen? Was erwartest du?
- [ ] Verschaffe dir einen Überblick über den Text. Lies zwei Sätze vom Anfang, aus der Mitte und vom Ende des Textes.

Während des Lesens
- [ ] Wenn du etwas nicht verstanden hast, lies den Absatz oder den ganzen Text noch einmal.
- [ ] Kläre die unbekannten Wörter.
  - Suche im Text nach einer Erklärung.
  - Schau dir die Bilder an.
  - Schlage in einem Lexikon nach.
  - Frage andere Kinder oder Erwachsene.
- [ ] Teile den Text in Absätze ein. Überlege dir für jeden Absatz eine Überschrift.
- [ ] Stelle W-Fragen an den Text: Wer? Was? Wann? Warum? Wo? Wie?
- [ ] Finde die wichtigen Wörter in jedem Absatz.

> Vergleiche deine Liste mit der Liste deines Partnerkindes. Hast du dieselben Tipps markiert? Besprecht in der Gruppe, welche Tipps bei diesem Text am meisten geholfen haben.

Nach dem Lesen
- [ ] Überprüfe: Welche deiner Vermutungen passen zum Text? Hat der Text deine Erwartungen erfüllt?
- [ ] Gestalte ein Schaubild zum Text.
- [ ] Erkläre jemandem, worum es in dem Text geht. Nutze dazu deine Überschriften zu den Absätzen, deine wichtigen Wörter und dein Schaubild.

Texte besser verstehen

Es hilft dir, Sagen zu erkennen

Sagen sind oft schon sehr alt, früher wurden sie mündlich weitererzählt. Daran kannst du Sagen erkennen:
- Meistens wird der Ort genannt.
- Sagen beziehen sich häufig auf etwas, das es in der Wirklichkeit gibt.
- Sagen erklären oft, woher ein Name kommt oder wieso etwas in der Natur vorkommt, wie zum Beispiel ein Felsen, der eine besondere Form hat.
- In Sagen passieren merkwürdige und magische Dinge. Es kommen auch Drachen, Zwerge oder der Teufel vor.
- Manchmal werden die Taten eines Helden erzählt. Das ist eine Heldensage.

Der Spiegelbrunnen in München

In München, am Eck des Schrammergässchens, stand einst ein Ziehbrunnen, in dem vor uralten Zeiten ein schauriger Basilisk hauste. So ein Basilisk ist ein ganz und gar abscheuliches Wesen. Sein Anblick ist
5 so grässlich, dass kein lebendes Wesen ihn ertragen kann, nicht einmal der Basilisk selbst ist dazu in der Lage. Damals konnte niemand Wasser schöpfen, unzählige Münchner Männer und Frauen starben, als sie in den Brunnenschacht hinabschauten.
10 Endlich trug man einen großen Spiegel herbei und hielt ihn über den Brunnen. Vom Lärm gestört schaute der Basilisk aus der Tiefe nach oben in seine Fratze und ward sogleich vom eignen Anblick getötet. So wurden die Menschen erlöst,
15 und seitdem heißt der Brunnen Spiegelbrunnen.

Diese Sage könnt ihr auch spielen.

Textsorten kennen

1 Wo spielt die Sage? Schreibe auf.

_____

_____

2 Was ist an diesem Ort Besonderes zu sehen? Schreibe auf.

_____

_____

3 a) Markiere im Text, was es wirklich gegeben hat und den Ort,
   den es wirklich gibt.
   b) Markiere in einer anderen Farbe, was es nicht gegeben hat
   und was Merkwürdiges geschehen war.

4 Warum ist die Geschichte des Münchner Spiegelbrunnens eine Sage?
   Lies auf Seite 22 nach und schreibe mindestens drei Gründe auf.

_____

_____

_____

_____

_____

_____

> Kennst du Sagen aus deiner Heimat?
> Forsche nach.
> Versuche, die Fragen 1 bis 3 auch
> für diese Sagen zu beantworten.

Textsorten kennen

Es hilft dir, Fabeln zu erkennen

Fabeln sind kurze Erzählungen, in denen Tiere sprechen können.
Daran erkennst du Fabeln:
- Die Tiere verhalten sich wie Menschen.
- Die Tiere in einer Fabel sind oft Gegenspieler.
- Meistens geht es in Fabeln um typisch menschliche Eigenschaften
  wie Neid, übertriebenen Ehrgeiz, Faulheit oder Boshaftigkeit.
- In der Fabel ist der Fuchs oft schlau, der Rabe ist eitel,
  der Wolf ist grimmig, das Schaf ist dumm, der Löwe ist stark,
  die Maus ist mutig.
- Fabeln enthalten immer eine Lehre für richtiges Verhalten.
  Diese Lehre nennt man Moral.

Der Fuchs und der Ziegenbock

Ein Fuchs fiel in einen tiefen Brunnen und konnte nicht heraus.
Ein durstiger Ziegenbock kam zum Brunnen und fragte:
„Ist das Wasser gut?"
Der Fuchs verschwieg, dass er hinabgestürzt war, und antwortete:
5 „Das Wasser ist klar und schmeckt gut; komm nur auch herab!"
Das tat der Bock und als er seinen Durst gelöscht hatte, fragte er:
„Wie können wir aber wieder herauskommen?"
Der Fuchs entgegnete: „Du stellst dich auf die Hinterbeine,
stemmst die Vorderbeine gegen die Wand und streckst deinen Hals aus.
10 Dann werde ich über deinen Rücken und deine Hörner hinaufklettern
und dir auch heraushelfen."
Der Ziegenbock tat, was der Fuchs geraten hatte. Sogleich
sprang dieser über ihn hinweg und mit einem kräftigen Satz
auf den Brunnenrand. Dort tanzte er voll Freude und verhöhnte
15 den Bock. Dieser schalt ihn vertragsbrüchig. Der Fuchs aber sagte:
„Wenn du in deinem Kopf so viele Gedanken hättest wie Haare
in deinem Bart, so wärst du nicht hinuntergestiegen,
ohne zu bedenken, wie du wieder herauskommst!"

nach Äsop

Textsorten kennen

1 Unterstreiche in der Fabel die wörtlichen Reden von Fuchs und Ziegenbock in zwei unterschiedlichen Farben.

2 Ordne diese Eigenschaften dem Fuchs oder dem Ziegenbock zu. Schreibe sie darunter.

schlau   dumm   hinterlistig   einfältig   schadenfroh   heuchlerisch   unüberlegt

Ziegenbock   Fuchs

_____   _____

_____   _____

_____   _____

3 In welchen Zeilen steht die Moral? Male die richtige Zeilenangabe an. Schreibe den richtigen Satz aus der Fabel auf.

Zeile 4–5   Zeile 8–11   Zeile 16–18

_____

_____

_____

_____

_____

4 Welche Moral passt zu dieser Fabel? Markiere.

Ein langer Bart macht schlau.

Wer anderen hilft, ist dumm.

Überlege gut die Folgen, bevor du etwas tust.

Wer richtig durstig ist, der ist auch mutig.

Textsorten kennen

Es hilft dir, Gedichte zu erkennen

Gedichte haben ein besonderes Schriftbild.
Sie sind oft in Absätze unterteilt. Diese Absätze heißen Strophen.
Die einzelnen Zeilen der Gedichte heißen Verse.
- Es gibt ungereimte und gereimte Gedichte.
  Gereimte Gedichte können ein unterschiedliches Reimschema haben.
  Kreuzreim: Die Reimwörter stehen jeweils in der übernächsten Zeile.
  Paarreim: Die Reimwörter stehen in zwei aufeinanderfolgenden Zeilen.
- In manchen Gedichten ändert sich das Reimschema.
- Viele Gedichte musst du mehrmals lesen, damit du sie verstehst.

A

Gestern hab ich mir vorgestellt,
ich wär der einzige Mensch auf der Welt.
Ganz einsam war ich und weinte schon,
da klingelte leider das Telefon.

B

Wir haben uns die Hand gegeben
und kamen überein,
wir wollten für das ganze Leben
die besten Freunde sein.

C

Was wir hier machen?
Augen offen halten, wachen
über Bäume, Bach und Kiesel,
über Eule, Frosch und Wiesel,
5 über Schwalben und Libellen,
die im leichten Zickzackflug
über Busch und Wiese schnellen,
über Schlange, Wolf und Bär,
über Maulwürfe und Echsen,
10 über Füchse, Mäuse, Spinnen –
Wir, die Birnbaumwiesenhexen.

D

Gedichte mag ich
freue mich an ihrem Klang
verwandelt Sprache.

1 Lies die Gedichte A und B. Unterstreiche die Reimpaare in unterschiedlichen Farben. Benenne das Reimschema von Gedicht A und von Gedicht B.

Gedicht A: _____

Gedicht B: _____

2 Lies das Gedicht C. Unterstreiche die Reimpaare in unterschiedlichen Farben. Was fällt dir auf?

_____
_____
_____

3 Lies die beiden Gedichte C und D. Vergleiche die Form der beiden Gedichte. Was fällt dir auf? Lies auch auf Seite 26 nach.

> Welche Gedichte aus deinem Lesebuch magst du besonders gern? Untersuche ihr Reimschema.

_____
_____
_____
_____
_____
_____

Textsorten kennen

Es hilft dir, wenn du Prospekte lesen kannst

- Prospekte werben für etwas Bestimmtes.
- Prospekte enthalten viele Angaben und oft Fotos, Bilder, Tabellen und Listen.
- Schriftarten, Schriftgrößen und verschiedene Farben spielen eine große Rolle.

Kletter-Erlebnis-Wald

Wie Tarzan von Baum zu Baum schwingen!
Wie ein Affe in der Krone turnen!
Skateboarden im Wipfel der Bäume!
Mit der Seilbahn durch den Wald sausen!

Das alles bietet der Kletter-Erlebnis-Wald!

7 verschiedene Kletterpfade –
auch für Anfänger.
Mit Klettergurten und Karabinerhaken
für Profis sicher klettern.

Bonobo: Einstiegsbahn für Kinder, ab 5
Orang-Utan: 12 Elemente und 30 m Seilbahn, ab 8
Gibbon: mit Skateboard in 10 m Höhe, ab 8
Meerkatze: mit Tarzansprung, ab 12
Tarzan: Klettern in 20 m Höhe, ab 12
Baumkönig/Baumkönigin: nur für trainierte
Kletterer, ab 16
Dschungelmeister: für Könner, ab 18

Saison: täglich vom 1. April bis 31. Oktober
Öffnungszeiten: Kletterstart: 10 Uhr
　　　　　　　　Kletterende: Mai bis August 20 Uhr
　　　　　　　　Nebensaison: 2 Stunden vor Dämmerung

Preisermäßigung für Gruppen ab 6 Personen.

Minderjährige benötigen eine Einverständniserklärung der Eltern.
Kinder bis 14 Jahren nur in Begleitung Erwachsener.

Bei Starkregen, Sturm und Gewitter geschlossen.

Textsorten kennen

Am 30. März wird Alia 10 Jahre alt. Sie darf fünf Kinder aus ihrer Klasse in den Kletterwald einladen.

1 Wann könnten die Kinder den Ausflug machen? Kreuze an.

☐ Freitag, 30. März   ☐ Samstag, 31. März   ☐ Sonntag, 1. April

2 Welche Kletterpfade dürfen die Kinder klettern?

_____

_____

3 Was muss Alia bei starkem Regen beachten?

_____

_____

4 Wen und was müssen die Kinder unbedingt mitbringen, damit sie klettern dürfen?

_____

_____

5 Markiere nur die Informationen im Prospekt, die für Alia wichtig sind. Vergleicht eure Markierungen.

6 Beantwortet der Prospekt diese Fragen? Überlege und besprich dich dann mit einem Partnerkind. Kreuze an. Vergleiche dein Ergebnis in der Gruppe.

	ja	nein
Wie viel Geld kostet der Ausflug?	☐	☐
Müssen die Kinder vorher klettern üben?	☐	☐
Darf Alia den Dschungelmeister klettern?	☐	☐
Wie lange darf Alia mit ihren Gästen bleiben?	☐	☐

Textsorten kennen

Inhaltsverzeichnis

Texte besser verstehen

Überschriften und Bilder nutzen / Sich einen Überblick verschaffen 2–3

1 Vermutungen zu Cover und Titel anstellen
2 Cover und Klappentext betrachten und Textsorte vermuten
3 Sätze lesen und Textsorte erkennen

Leseerwartungen formulieren 4–5

1 passende Vermutungen zu Cover auswählen
2 Vermutungen zu Text und Bild anstellen, Erwartungen formulieren
3 Textsorten und Leseerwartungen in Beziehung setzen

Unbekannte Wörter klären 6–7

1 unbekanntes Wort im Text auffinden
2 Erklärung für unbekanntes Wort im Text suchen
3 schwierige Wörter im Text markieren
4, 5 schwierige Wörter im Text klären

Einen Text in Absätze einteilen 8–11

1 Text in Absätze einteilen, Überschriften zuordnen
2 wichtige Wörter auswählen
1 Text in Absätze einteilen, Überschriften finden
2 wichtige Wörter finden

W-Fragen zu Texten stellen 12–13

1 sinnvolle W-Fragen auswählen
2 W-Frage beantworten
3 W-Fragen zum Fortgang der Geschichte formulieren
4 Fortsetzung der Geschichte schreiben

Ein Schaubild zum Text gestalten 14–19

1 Oberbegriffe eintragen und Mindmap ergänzen
1 Oberbegriffe finden und Mindmap anlegen
2 Mindmap zu einem Vortrag nutzen
1 Informationen aus Text entnehmen und einfache Zeitsäule ergänzen
1 Informationen aus Text entnehmen und Zeitsäule ergänzen
2 Informationen aus Text entnehmen, erschließen und Zeitsäule ergänzen

Lese-Tipps anwenden und bewerten 20–21

1 Lesestrategien anwenden
2 Nutzen der Strategien einschätzen

Textsorten kennen

Sagen erkennen

1, 2 einzelne Merkmale von Sagen herausfinden 22–23
3 a) realen Gehalt des Textes markieren
   b) sagenhaften Gehalt des Textes markieren
4 Merkmale von Sagen am Text bestimmen

Fabeln erkennen		24–25
1, 2	Fabeltieren spezifische Eigenschaften zuordnen	
3	Moral erkennen	
4	Moral richtig interpretieren	
Gedichte erkennen		26–27
1	Reimschema bestimmen	
2	Wechsel des Reimschemas als Stilmittel erkennen	
3	gereimte und ungereimte Gedichte erkennen	
Prospekte lesen		28–29
1–4	einem Prospekt gezielt Informationen entnehmen	
5	alle relevanten Informationen im Prospekt auffinden	
6	Informationsgehalt eines Prospekts überprüfen	

Quellenverzeichnis

S. 2/3: Büchel, Simak: Baum 532 (bearb.). Illustrationen von Fides Friedeberg und Cover. Dix Verlag: Düren Bonn 2011
S. 4: Cover: Signe Seiler: Indianer. Was ist Was, Bd. 42. Tessloff: Nürnberg 2010; Cover: B. Oftring: Expedition Natur: Tiere bei Nacht entdecken © 2009 moses. Verlag: Kempen; Cover: Cornelia Funke: Gespensterjäger im Feuerspuk. Loewe: Bindlach 2005; Cover: Knobelspaß mit Köpfchen: 555 x Intelligenztraining für clevere Kids. Von Jürgen Brück und Harald Havas, © 2013 Compact Verlag
S. 5: Janßen, Ulrich: Sonnen und Sterne (gek.), aus: Hat der Weltraum eine Tür? Deutsche Verlagsanstalt: München 2007. Bild: Colourbox.com
S. 10/11: Text: Michael Pruy. Bild: picture alliance / dpa
S. 12: Endres, Brigitte: Paul fährt vor (Originaltitel: Paul und der fabelhafte Herr Plümo, bearb.). Tulipan: Berlin 2010
S. 16: picture-alliance/dieKLEINERT.d
S. 18: © Bettmann/CORBIS
S. 20: picture-alliance/Everett Collection
S. 26: Wittkamp, Frantz: Gestern, aus: H.-J. Gelberg (Hg.): Überall und neben dir. Beltz: Weinheim und Basel: 1989; ders.: Wir haben uns die Hand gegeben, aus: Alle Tage ein Gedicht. Coppenrath: Münster 2002; Loschütz, Gert: Auf der Birnbaumwiese (gek.). Schöffling & Co.: Frankfurt a. M. 2011
S. 28: picture-alliance: dpa/Marc Tirl; Paul Mayall; DUMONT Bildarchiv/Martin Kirchner